郭爸爸寫給年輕人的30則備忘錄

郭台銘 著

自序
爸爸的話

我的爸爸郭齡瑞，一九二二年出生於山西的南嶺鄉葛萬村。在他八歲的時候，我的奶奶就過世了，父親便與我的曾祖父、爺爺、伯伯、叔叔，五人相依為命。

一九四五年抗戰勝利後，父親前往中央警官學校西安分校就讀，畢業後分發至青島市警察局，開啟其警務生涯。一九四六年，父親與我母親初永真結婚，並於一九四八年搭乘輪船赴台灣定居，先是在基隆港務局緝私站從事查緝走私的工作，曾短暫從事貿易事業，後因貨船沉沒，生計無以維繫，遂輾轉搬到板橋，租了慈惠宮後面的東廂房，並重新當起基層員警。

慈惠宮的東廂房，面積才幾坪而已，要容納我們一家。當時，全家吃完飯後，還要把餐桌拆掉成為睡覺的床板。直到一九六一年十二月，我小弟郭台成出生，我們一家六口仍在這樣小的空間裡相依相存，當時的客觀環境是貧苦的，連一雙木屐都買不起。

在那般顛沛流離、刻苦的生活環境裡，父親還是非常重視家教、身教和言教。從小學畢業到現在，我都還養成隨身攜帶手帕的習慣，就是父親以身作則的良好示範。

對於警察這個工作，爸爸是極具榮譽心的。他的穿著總是很整潔，常常戴著一頂警察帽子在街上執勤，也因為父親長得很高，比我現在還高，大家都稱呼他為「長腿郭（lò-kha）」。當時，板橋鎮人口應該已有三、四萬，但是只要在板橋講「長腿郭」，沒有一個人不曉得，因為我父親每天都要騎著公家配給的腳踏車，到處去巡視打卡。

爸爸雖然是警察，但並非嚴厲或凶惡的那種警察，相反地，他非常和藹可親，大家不僅不會怕他，看到他還很開心，每每見到爸爸在街上巡視，就會熱情地請他到家裡喝茶。

我讀初中的時候，迷上打籃球，當初一顆籃球相當於四百碗魯肉飯的價格，我們家只買了一顆球，被我打到皮都磨平了，還捨不得汰換掉。

那時第二屆亞洲籃球錦標賽在台北市中華體育館舉辦，家裡買不起電視，我沒得看轉播，但我真的很想看亞洲盃，鼓起勇氣問父親可不可以實現我看現場比賽的願望。

父親答應了我，但當時我覺得並不可能，因為門票搶破頭，有錢都買不到，更何況票價十元對我們家也是一筆奢侈的開銷。

沒想到，父親真的履行承諾，他透過同事買到了兩張票。

一九六三年十一月三十日，父親帶著我親臨中華體育館觀看中華隊對決南韓，在現場看著背號七號的陳金郎、十一號的謝恆夫與十四號的孫孝增，對決南韓籃球之神金永基，以及亞洲第一神射手申東坡。我和父親坐在很遠的位置，和滿場的觀眾一同加油吶喊。

現在回過頭想，那時觀看比賽拚命吶喊、熱血沸騰的我，血液裡的激動與亢奮，滿溢的是我對父親的愛與感激。

榮譽、正直、良善、樸實、說到做到，這都是我爸爸的鮮明特質。

爸爸說，「自食其力」是一個人的基本美德。於是，我從初中二年級開始，就打工賺取自己的學費與生活費，並努力在賺錢的路上保持進步。

爸爸說，要做任何事情之前，一定要問過自己的良心，覺得對的事情，就要去做，不對的事情，就不能去做。

他還說，做人一定要奉公守法，該賺的錢，要合法的賺取，不該賺的錢，一分都不能要。不是合法或自己努力賺來的錢，就算再多，花了也不會「心安理得」。

爸爸奉公守法一輩子，都住在公家宿舍，一直到我自己成家創業，家裡都沒有坐過沙發，最豪華的是一張藤椅，但我一點也不覺得這有什麼問題，因為爸爸自小就教導我們要「安貧樂道」，這是爸爸傳承給我的生活智慧。

在那個香火裊裊的童年歲月裡，在那個月光透過牆角縫隙灑進廂房的孩提時光，爸爸的話伴隨著我，成為我的力量。

◎

一九七五年，長子守正呱呱落地，三年後，長女曉玲也出生了。還沒而立之年的我，創業之路尚在兵馬倥傯之際，便得學習怎麼當一位父親。

守正和曉玲的成長時期，也是我事業最忙碌的成長時期，我常得出國，無法隨時陪伴他們，多少感到有點愧疚。那時，我會在美國各州的加油站或卡片店，挑選卡片寄給他們。除了在卡片寫上想對他們說的話，卡片上通常也會印有英文短句，我便會寫上翻譯，趁機鼓勵他們多學習英文。

一筆一劃，中英交雜，我發現自己開始學著如何和兒女對話。

我發現有好些句子是自己常常掛在嘴邊的。

「你們去闖一闖。」不管是去外地或國外遊玩，我總習慣和兒女這樣說，不管是找飯店、找餐廳，或是他們想要看的表演，我會要兒女自己先去闖一闖，問人也好，看地圖也罷，想去哪裡，就先自己摸索著買車票與門票。世界之大，孩子們的視野不需要先被父母親所侷限。

「讀萬卷書，行萬里路。」我直到三十八歲才買房，創業後的好多年內，我經濟狀況並不闊綽，總想著與其花錢買房子，我更希望盡量把錢省下來，提供給兒女出國，讓他們多看看外面的世界。這句老生常談，也成了我和兒女之間的潤滑劑，有時他們對於和我一起出國興趣缺缺，我就會以「讀萬卷書，行萬里路」作為勸說，實則是希望兒女和我一起出國，多少有點彌補未能貼身陪著他們長大的缺憾。

我最反覆叮嚀的是，做人要有誠信，要有正直之心，以及需要努力。子女們可以選擇和我不一樣的人生，但我希望他們明白「自助，人助，天助」的啟示。人生唯有靠自己，唯有用自己的雙手、自己的意志、自己的頭腦，方能打造出屬於自己的世界。

時日久了，我或多或少意識到，在事業裡作為一個領導者，以及在家庭裡作為一位父親，這兩件事情對我來說是相互交雜、難以區分的。領導者講究統率與駕馭，父者則是注重家教、身教與言教。在某些時候，我會將自己對父者形象的期許，放在職場裡；又在某些時候，我會將治軍嚴明的主帥性格，放在親子關係的互動裡。不知不覺中，這兩件事遂成了同一件事。

匆匆走過世間繁華美景，將近五十年披星戴月的奔波，我挽起袖子實際執行，驗證爸爸曾對我說過的話，發現父親每個身體力行的舉止示範，每句父親的剴切叮嚀，都是郭家傳承下來的智慧，都是處事待人的金科玉律。

這些教誨，不因時代迭變而有所更改，反而顯得亙古彌新，不曾過時。

我陸續擴充、彙整，並予以實踐，爸爸給我的話，也成為我作為一個爸爸的話。

常在網路、社群軟體裡，看見許多年輕朋友尊稱或戲稱我為「乾爹」、「乾爸」、「郭爸爸」，在工作與生活的種種行程裡，年輕人見到我，也常這樣喊我。我面對此稱呼，每次總是有點害羞，但這應該也意味著，我的人生經驗、我的創業精神，應當有那麼一點分量，能夠提供給年輕朋友一點參照與指引。

我決定好好把它們寫出來。

這一次，我不藏私，也不說教，書裡的每一則，都是我近五十年實務歷練的經驗集結。它們可能源自於我的家族傳承，或是將哲人智慧內化成自我心法，或是我的個人領悟。不管出自於何處，它們都經過我的反覆實踐。

這三十則備忘錄，無關道德，也無關對錯，年輕朋友們可以視為我的執念，也可以視為我的信仰。毫無疑問地，這些備忘錄貫穿我的一生。

這些話語，寫給所有年輕朋友們。願此本小書能讓你們感到共鳴，更希望你們讀到書中的某幾處，能夠像當初在亞洲籃球錦標賽看球的我，那樣的熱血沸騰。

郭台銘

CONTENTS
目錄

CONTENTS

目錄

INSPIRATIONAL QUOTES

01

隨時確立方向

不知道方向，沒關係，
但至少要先踏出第一步。

若你們去過蒙古，會發現那裡是一望無際的大草原，到處都可以看到放牧的馬、牛、羊，一頭頭悠閒地在草原上低頭吃草。

在那樣的國度裡，望著沒有盡頭的草原，可以一直看著、一直看著，像是遺忘了方向感。

在蒙古，我無可避免地想起成吉思汗，幾乎可說是世界歷史裡最傑出的軍事家與政治家之一，他的一生應該都是在戎馬征戰中度過。

頂著烈日，我尋訪著成吉思汗的足跡，心裡頻頻讚嘆他建立起的盛世帝國，但心中也不免感到不解與疑惑，在這樣超級廣闊的草原裡，成吉思汗是如何掌握方向的？他爲何不會陷入迷失的感受？成吉思汗究竟是如何在八百多年前，帶著蒙古人西征，一路攻進中亞花剌子模，橫跨歐亞大陸？

接待的朋友引薦我認識成吉思汗的後人們，這些後人們回答我了我的疑惑：「成吉思汗會觀察太陽往哪個方向下山，他就會攻打那個方向。冬天往西邊，靠『南』打，因爲北邊俄羅斯冰天雪地。夏天往西邊，靠『北』打，因爲靠南邊的沙漠地區氣候酷熱。」

就這樣，順著太陽落下的方向，成吉思汗及其子孫率領的蒙古騎兵，一路往西橫掃，直搗歐洲心臟，把當時已知世界的大部分土地皆納入帝國版圖，建立起輝煌燦爛的蒙古帝國。

成吉思汗會贏，憑藉的就是隨時確立方向、掌握方向。

要記住，所謂「方向」，有很多層次的解讀，包含心的方向、外在的方向、政策的方向、策略的方向。

舉例來說，在我熟悉的產業界裡，在眾多的產品線中，要先做哪一項商品、要發展哪一個地區的客戶、要開發哪些技術，這都仰賴方向的訂定。

就我的經驗，**方向不是空想而得的，是一步一步走出來的。**

你未必知道第一百步要怎麼走，但只要你走出第一步，再走出第二

步、第三步，等你走到第九十九步，你就會知道第一百步將走向何方。

不知道方向，沒關係，但至少要先踏出第一步。

世界之大之廣，就像廣袤的蒙古草原，它本身並沒有既定的方向，但也因爲如此，每個人都能設定自己的方向，而後大步向前邁進。

曾有年輕人跟我說，「沒有方向，也是一種方向」，這種流於文字遊戲的話術，我是嗤之以鼻的，請務必聽聽就好。

INSPIRATIONAL QUOTES

02

掌握趨勢，等待時機

培養觀察細微跡象的「洞察力」。

成吉思汗征服各地，他會贏，是贏在對方向的掌握與確立。

但「掌握方向」僅是第一步，還不足以成事，第二步是選擇正確的時機。

同樣是攻打俄羅斯，爲什麼拿破崙和希特勒輸得很慘，成吉思汗卻能帶領蒙古鐵騎，踏平俄羅斯國土？因爲，拿破崙和希特勒攻打俄國，戰事都拖到酷寒的冬天還沒有結束，而且，後勤運輸糧草及戰備的工作又跟不上行軍的速度，戰爭局勢轉變成爲對俄軍有利。

拿破崙和希特勒就是沒有掌握正確的時機。

我酷愛歷史劇，對於中國歷史也有一定的興趣與了解。

隋末，群雄並起。占領長安的李淵稱帝後，隨即命令李世民率兵征討西秦霸王薛舉父子。雙方交戰，李世民大敗，退回長安，薛舉乘勝攻取長安，卻突然患病過世，由其子薛仁杲繼承霸王之位。此時，眾將紛紛勸進李世民，應該趁著薛仁杲新立、內部不穩固的時機，大舉反攻。

李世民卻反其道而行，下令「如再有請戰者，一律問斬」。爲什麼呢？因爲李世民認爲我軍剛剛大敗，敵軍大勝，雙方士氣有明顯的落差，不應該因爲單一事件而冒險出兵，而是需要縱橫全局，審時度勢。

果然，薛仁杲見李世民避戰，便每日派人到陣前叫囂，李世民皆不予理會。兩個月過後，戰局逐漸產生變化，西秦大軍的糧草供應出了問題，士兵一再逃跑。李世民認爲反攻的時機已到，便兵分二路，採正面與背後同時進攻。沒多久，薛軍大勢已去，薛仁杲只得出城投降。

我是一位個性耿直有原則、追求完美有脾氣的人，看到機會就很想要往前。但爲了贏，我常要提醒自己審愼度量時機。

一九八二年，我進軍電子業，從連接器開始做起，搶占市場的一席之地；一九九六年，我進軍電子代工業，爲個人電腦進行組裝與代工，隨後也因此迎來了大量的市場訂單。

當時機尚未來臨時，切忌躁進與唐突。然而，一旦看見時機展現曙光時，便要當機立斷，不要因為猶豫不決而錯失先機。當時機來臨，最忌諱遲疑不決、最忌諱慢條斯理。

所謂「時機」，並不會敲鑼打鼓地宣告它已經來了。時機往往是預先看到的，它是一種出自預測的直覺。

那該怎樣把握時機呢？我的建議是，培養觀察細微跡象的「洞察力」（insight），注意各種蛛絲馬跡，留意生活或產業的各項細小變化。

最後，我還是得說，錯認時機也是常有的事情，千萬不要因爲幾次的失誤而有裹足不前的心態，你將會因此失去所有的先機，只能一輩子跟著別人的尾巴了。

INSPIRATIONAL QUOTES

03

每件事情，要設定相對應的執行程度

六字口訣「方向、時機、程度」，是我規劃策略的三部曲。

我先用幾個字詞，說明「程度」這兩個字對我的意義。它也可以是「規模」、「範圍」、「程度」、「級別」……，「程度」大抵圍繞在這幾個詞彙的意涵。當我們確定了方向、掌握了時機，最後就是要決定花多少心力去執行到怎樣的程度。

讓我以《世界末日》（*Armageddon*）這部電影爲例。先說，這幾年我電影看得少了，若舉例太過時，可別笑我，但這部電影眞的很好看，我強力推薦。

《世界末日》由布魯斯．威利與班．艾佛列克分別飾演挖石油的專家，他們因爲挖石油這項專業的技能，被美國太空總署找去，派往一顆隕石上挖洞、埋核彈，以拯救隕石撞地球的末日危機。

布魯斯．威利是充滿經驗的挖洞老手，班．艾佛列克則是天賦異秉的新生代，兩個人意見相左，過程中屢屢針鋒相對。老手認爲年輕人太過自信，只顧著挖掘想要的深度，而不顧「穿山甲」鑽洞機器是否能負荷；年輕人則認爲老手不敢冒險，明明自己設計的機器有足夠的性能，爲何要自我設定過於低標的門檻，進而使得任務有可能栽在不夠自信的判斷上。

在電影的最高潮處（抱歉，我爆雷了），布魯斯．威利選擇放手，讓班．艾佛列克犯險去挖掘他所認定的洞穴深度。那個洞穴，少挖一尺都不行，一定要挖到足夠的程度，核彈才能將隕石一分爲二。

班・艾佛列克在緊要關頭時成功了，成功的原因，取決於他知道這件事情一定要完成的程度，也取決於他相信團隊已做足準備，能夠做到該有的程度。

每件事情，都會有最適切的「程度」。比方你要跟爸媽發脾氣，要注重程度的拿捏，太多的怒火可能會導致親子關係的破裂，但太少的情緒又不足以表達自己的心情。

在職場上也是一樣，出版社針對不同的書籍，設定不同的印刷量；手機製造商針對不同款的手機，擬定各自的研發數量。所有的事情都涉及要投入多少的程度。

程度不只是數量的概念，也涉及執行的速度，包含要以什麼樣的速度完成當下的事情，要完成多少的垂直與水平整合，方能達到該專案所預期的成果，這都是需要精準拿捏的。

「方向、時機、程度」是我規劃策略的三部曲，我幾乎每天都會念這六個字，隨時提醒自己當下決策是否有誤。

我希望你們也可以試試看這六字口訣。相信我，這對生活很多層面都有所助益，更有助於你們成爲一位優秀的決策者。

INSPIRATIONAL QUOTES

04

人生沒有順境，只有逆境

一個人的靈魂如果失去砥礪、鍛鍊的可能，那就會逐漸喪失自己。

千萬不要覺得人生是順境與逆境兩者交錯的，人們對於順境往往過度嚮往，這是一種慣性，而這種慣性會掩蓋人生是由逆境所組成的事實。

一九八八年，我爲了開拓美國公司的業務，也考量兩個小孩的教育環境，我們一家四口搬到美國。搬到美國後，我時常要前往各州出差，但只要有空，每逢週六我就會帶著女兒曉玲，到家裡附近的優勝美地國家公園（Yosemite National Park），因爲她最愛在優勝美地餵野鳥。

曉玲熟門熟路，每次都三步併兩步地先跑去小店買一包鳥食，然後，我們父女倆會爬上大岩石，甫站定，所有的鳥兒就成群地飛了過來，圍繞在我倆的腳邊，迫不及待要吃我們手上的鳥食。這是我們那一年很常進行的親子活動。

隔年的感恩節前，提早兩個禮拜降起大雪，曉玲盼啊盼地，好不容易等到雪停那天，她拉著我要去優勝美地餵鳥，我立卽載著她驅車前往，但到了公園後，卻不見任何成群的鳥兒，連賣鳥食的小店也早已關門大吉。

曉玲不甘心，拉著我要去找園區人員問分明。那位園區管理員領著我們前往一塊寫有「讓野生的更野生」的牌子，又嚴厲又哀傷地說：「不要再來這裡餵鳥了！以前快到入冬時節，這群鳥兒本來會自行儲存糧食以過冬，但這段時間已經習慣被餵食的肥鳥，遇到兩個禮拜的大雪，全部無法抵抗寒冷的冬天。」

這個故事具有一個很鮮明的啟示，**什麼樣的環境，將決定什麼樣的生存狀態**。

而我更想要說的是，若人生只是一味地追求安逸、愉悅、享樂，每週放假就僅是規劃出遊與狂歡，視休閒娛樂爲生活裡的唯一寄託，久而久之，你的人生就會失去重心，成爲一個被便利生活所豢養的、沒有力量的靈魂。

一隻渴望自由、追求獨立的鳥兒，會不顧一切地掙脫有人類餵食的牢籠，只爲了飛向心中所屬的天空；而一隻飯來張口的鳥兒，遇到大雪來臨，就會頓時失去生活所依，只能眼睜睜地走向死亡。

一個人的靈魂如果失去砥礪、鍛鍊的可能，那就會逐漸喪失自己。因此，年輕人們，你們不要把「順境」視爲人生理所當然的唯一存在，歲月縱使靜好，卻也時時刻刻危機四伏。

不管人生走到哪個階段，都請維持相當程度的學習量與工作量，**避免自己走向順境，唯有逆境才是真實的人生。**

INSPIRATIONAL QUOTES

05

成敗論英雄的根本是責任心

責任心，就是不把一切歸咎於環境或他人。

我用人，不是只看重能力。如果一個人有九十分的能力，但是不負責任、做事不用心，在我眼裡，可能最高只剩下七十分。一個有責任感的人，不需要被管理。

我敢說這樣的話，正是因爲我對於自己的責任心感到自豪。

我自認爲是個負責任的人，該做到的就要努力達成。每個人的天生資質是一回事，而責任心比資質更爲重要。我看過許多聰明人，而肯負責任的人，卻相對稀少。

我常說，「簽字」就代表「牽制」，任何決策，一旦老闆簽了字，也就牽制了老闆本身，甚至整個工作團隊的行動。所以，每當工作會議後，我都會在會議用的電子白板上的一角，簽上「郭台銘」三個字，以示負責。

經營企業的時候，在我的字典裡沒有管理兩個字，只有責任。

你答應的事本來就要做出來，這種責任心就是研發最重要的紀律。我想，對一個人的職涯發展或人生規劃來說，也是如此。

也許讀到這裡的你們會問我：「那到底什麼是責任心？」

來吧，我們這就做個簡單的測試，你們可千萬別先偷看後面的文字。

試著想像自己在一個幽閉的監禁空間裡，這裡可能擠滿著人，你和身邊的人都一樣，沒有辦法走出去。爲何你會來到這裡，你們可能都感到莫名所以，根本毫無頭緒。

好的，此時的你是怎麼想的呢？

你會覺得自己的命運就要任憑別人擺布了嗎？還是你會認爲自己內心世界仍處於自由的狀態，沒有任何人可以剝奪？

試著問問自己的答案傾向於哪種，然後我們就可以來繼續討論什麼是責任心。

在我的定義裡，**責任心就是對於他人與所處環境，都不會僅是抱持著或埋怨或怨懟的消極態度，而是讓自己隨時主動積極，能夠**

隨時採取行動，只要機會一來，就隨時準備突破僵局——這就是責任心。

沒有責任心的人，會把不想做事情的原因，歸咎於天氣太熱或太冷，無論怎樣都會有理由。

有責任心的人，不管天氣如何，甚至是外在環境多麼艱難，都不會影響他做事情的動能。就算環境惡劣、幾近於絕望，他們仍願意積極面對，不放棄任何一絲可能的機會。

責任心，就是不把一切歸咎於環境或他人，命運是掌握在自己手裡的，你們認同我的定義嗎？

INSPIRATIONAL QUOTES

06

執行力要好，在於目標要明確

謀定而後動
是基本的準則。

也許是自己的執行力並不好，基於補償心理，我在職場上特別講究執行力。

什麼是執行力？**執行力是速度、準度、精確度的全面貫徹**。執行力就是你一心一意要把事情做好。執行力是仰賴專注、努力，不停的學習。

我並非天才，相信很多人也都不是。那麼，凡夫俗子要如何貫徹執行力？就我的經驗，在於目標／願景的明確。

早年我在拚創業的時候，從製造電視機零件，轉做連接器，有次去日本調查市場，發現連接器在電訊、電子業、計算機及通訊產業，需求量非常大，於是決心投入這個增長很快的市場。

但是，製造連接器，成本是致勝關鍵，要有一定產量，才能降低成本。所以，必須爭取最大的市場份額。

當時，連接器的最大市場在美國，想成功，一定要爭取美國的客戶。剛開始前兩年，美國大客戶連機會都不給我，但是，我仍然不放棄要先和美國大廠成交訂單。因爲，只要先把產品賣給世界級客戶，就可以提升企業競爭力。

面對美國世界級客戶，我當時爲自己設立的目標是：爭取機會向客戶證明，我的品質和技術值得信賴，而且，一定要做到性價比最高。

於是，競爭對手安普賣一塊錢，我就想盡辦法賣六毛錢。終於，皇天不負苦心人，客人接受了鴻海的產品。由於銷售量提升，我的成本又繼續下降，一段時間之後，競爭對手還是賣一塊錢，我稍微提高價錢，賣到了八毛。在那個階段，鴻海逐漸接近損益兩平。到後來，因爲產品的品質和交貨期有一定的保證，雖然對手賣一塊錢，鴻海也賣一塊錢，但客戶已經完全可以接受了。

當時，我把「爭取客戶、性價比最高」視爲我的具體目標，以此擬定執行策略，整個組織時時刻刻朝此目標邁進，不敢有須臾違背。在目標剛擬定之時，它似乎是一個遙不可及的夢想，但我寧可將目標放得遠大一點，方能因此制定完善的作戰計畫。若計畫不完善，就很容易流於挖東牆補西牆的困窘。

不管是創業，或是做事，謀定而後動都是基本的準則。在產業界這麼多年，我看過太多企業都因爲事前規劃不足，導致營運面、資金面接連遇到困難，沒多久就被市場淘汰。

這個道理也適用於生活的各個層面，旅遊、運動、求學……等等，目標若不明確，根本就無法帶動執行力，一切的努力多半會淪爲虛耗與徒勞，請務必切記這一點。

INSPIRATIONAL QUOTES

07

走出實驗室，沒有高科技，只有執行的紀律

贏得財富與尊榮，
別無他法，
唯有勤奮。

這大概是所有鴻海人都會背誦的吧！過去幾十年來，這句話幾乎是我的口頭禪，也成爲鴻海主管們常會講的一句話。「執行的紀律」，聽起來很像軍事化管理的威嚴，放在工廠文化裡，也的確有這樣的味道。然而我當初說出這句話，是想強調「自律」的重要性。

畢竟，要求別人容易，要求自己總是困難。

蘋果CEO提姆．庫克（Tim Cook）曾對媒體說，「Terry是一位凡事力求完美的強勢領導人。他是一位值得信賴的夥伴，我們有幸能與他共事。」

庫克對我的讚美，我當然受之有愧，畢竟我並非一個絕對的完美主義者。如果說我做事追求完美、客戶也信任，應該就是我一直要求自己：**做什麼事情都養成有條不紊和井然有序的習慣**。隨時隨地補足自己的不足。

我每天的工作時間，從早上六點半開始，一路直到晚上十一、二點。對我來說，工作也是學習的過程，我一直保持這樣的習慣，關鍵就是在於「自律」。

這幾年，坊間流傳著一句名言，「你有多自律，就有多自由」，或多或少也說明自律的重要性。

但老實說，「自律」似乎是個新興詞彙，至少我小時候沒聽過這樣的說法。我對「自律」二字的詮釋，說穿了，就是「勤勞」。

我不是社會學家，不大理解爲何這些年「勤勞、勤奮」這種昔日的傳統美德，似乎逐漸淪爲年輕人口中過時的名詞。年輕人們，你們似乎不再講這兩個詞彙，是嗎？

在我成長的那個年代，生活周遭都是傳統的行業，種米的、做豆腐的、賣車票的、開戲院的、做衣服的，幾乎所有的正當行業都是「要耕耘，才有收穫」，只要肯做，每個人都有機會實現自己的財富夢想。現在呢？賺錢的行業類別越來越多，很多年輕人們似乎越來越只想走捷徑，紛紛投入「錢多事少離家近」的追求，想賺快錢的心理，在我這位貧民之子的眼中，幾乎是不可思議的。

沒有勤奮，就沒有財富，這是不變的真理。我現在看似擁有許多人一輩子都無法企及的財富，惹人稱羨，殊不知這是我付出了多少努力，做出了多少犧牲，才爭取而來的成果。

贏得財富與尊榮，別無他法，唯有勤奮。

當你們日後覺得「自律」這個字眼過於軍事化口吻，不妨試著想想「勤勞」或「勤奮」這兩個老掉牙的詞彙。

你們終究會發現，那些能流傳至今的美德，才是眞正值得相信的眞理。

INSPIRATIONAL QUOTES

08

贏者有兩個競爭者：一是時間，二是自己

時間對每個人都是公平的，但怎麼利用卻是自己的選擇。

在我創業的旅程裡，不乏有猶太血統的客戶或廠商。我在這些猶太人身上得到許多寶貴的啟示，其中一點，就是他們對於時間的重視。

猶太人重視財富，更重視時間，「勿浪費時間」、「時間也是商品」是猶太生意經的格言之一。他們是以每分鐘多少錢來衡量獲益的。我每次拜訪猶太客戶都一定要先預約好時間，而後必須準時抵達。於猶太人而言，時間遠比金錢還要昂貴，時間能夠創造出巨大的財富。

當我領受到「時間卽財富」的道理之後，我曾陷入更大的疑惑與不解，畢竟不管是研發或是製程、談合約還是爭取訂單，我們總是會花很多不必要的時間在等待上：等待客戶點頭、等待研發的成果終於可行……，很多時間是我們自己不能夠掌控的，我們到底要如何才能眞正掌握時間呢？

「一寸光陰一寸金，寸金難買寸光陰」，華人都能朗朗上口的句子，這道理人人都懂，非猶太人專屬，但爲何猶太人就執行得特別好呢？

我逐漸明白，關鍵在於：要管理好時間，就等於要管理好重要的事物。

讓我們從這個角度重新理解「時間卽財富」這句話：「時間」二字，畢竟是一個抽象性的概念，「管理時間」卽意味著管理重要的事情，將事情分爲重要的、次重要的，以及相對不重要的。

若你們不能理解或不懂得如何「管理時間」的時候，只要遵從唯一的一個法則——找出眞正重要的事情。

要留意的是，**急迫的事情未必是真正重要的事情，要學會分辨**。

好了，當你們學會了「優先處理重要的事情，就意味著管理時間」，那就該繼續追問：該怎樣優先處理重要的事情？

這題的關鍵就在於要管理好自己，要和自己競爭。

世界上的人那麼多，高矮肥瘦，資質不一，天賦也不相同，選擇與別人競爭，終究是一場沒有實質意義的比賽。要把焦點放在與自己競爭，每個階段的自己，都能比上個階段的自己還要躍升、還要進步，這才難能可貴。

試著把「管理最重要的事物」以及「與自己競爭」這兩個概念相連結，你們就會驚訝地發現，原來自己才是王者，唯有不斷地鍛鍊自己，才有機會克服現實層面的種種難題。

時間對每個人都是公平的，但怎麼利用卻是自己的選擇。自己是最不需要敵人的，因爲眞正的敵人就只有自己。

INSPIRATIONAL QUOTES

09

人生的格局：心胸有多大，舞台就有多大

自己的心胸要有凌雲壯志，也要虛懷若谷、以人為師。

相信很多人都知道，我太太曾馨瑩是個職業舞者，也是位舞蹈老師。

我和馨瑩認識的原因，是因爲鴻海尾牙有段節目，要我和林志玲小姐一起跳探戈，於是我也請了對方的舞蹈老師來教我跳舞。我第一次見到馨瑩，幾乎是一見鍾情，我立刻被馨瑩專注教學的模樣所吸引，整個目光都放在她的身上。

如果你們曾經觀看過舞蹈表演，爵士、芭蕾、街舞、現代舞，什麼舞都可以，你們一定會發現，當一位舞者站在那樣大的舞台上，唯有憑藉舞技與自己的氣勢，方能夠鎮壓住整個舞台。

舞台上的舞者，可以緩緩起飛，可以疾風掃秋葉，可以遲疑、渴望、退卻、尋覓、探索，反反覆覆的尋找，似乎無所不能。一個舞者，他們可以時而不動聲色，時而飛奔放縱，時而洶湧澎湃，時而激情狂野，堅信自己就是世界的中心。

我從太太的身上，深刻地觀察到，一位舞者的氣勢與心胸，足以讓自己駕馭各式各樣的舞台。一位氣勢很強的舞者，就算是在廣袤的沙漠中隻身跳舞，也不會顯得渺小，相反地，還能彰顯出人類巨大的力與美。

一位舞者尚且如此，更何況是一個團隊，甚至是一整個公司！

我很早就意識到，唯有走出台灣，公司才能擁抱更大的市場。於是，我先是到了美國，而後到了英格蘭、捷克、墨西哥、巴西等地設廠，因爲將心胸放眼至全球的布局，我才能逐漸打造出屬於自己的事業王國。

我不是一位舞者，無法一個人征服廣大的舞台，但我還是能將全世界都當作我的舞台，這當中的關鍵因素，**在於「我」到「我們」的轉變**。

創業沒多久，**我知道我不能只是一個人，我需要號召有為的夥伴，並且廣納賢士**。所謂的領導者，並不是擁有一群僅會聽從命令的追隨者，而是充分授權，讓每個階層的主管與員工，都能充分地發揮潛能。

如果公司裡的所有員工都只知道追隨老闆，到最後他們只會做老闆認爲需要做的事情，而不會主動開創出新的可能。

所謂「心胸要大」，第一，是指自己的心胸要有凌雲壯志，第二，是指自己的心胸要虛懷若谷、以人爲師，唯有結合這兩種層面的意義，方能眞正地壯大心胸，開創出越來越大的舞台。

INSPIRATIONAL QUOTES

10

看人，第一看品格

內在品格要比能力更加重要，品格絕對是一個人最重要的資產。

有次我到一家小吃店用餐，店老闆在店內牆壁上寫下股神巴菲特的一句話，我看到後，非常驚艷，默默記下來，用來提醒我手下的主管：「評價一個人時，應重點考察四項特徵：善良、正直、聰明、能幹。如果不具備前兩項，那後面兩項會害了你。」

公司裡，有一些主管會讓我需要嚴肅以對，因爲他們雖然絕頂聰明，但是不夠善良、正直，沒有以集團的最大利益爲優先，一動歪心思，可能會造成很可怕的弊端。

我當初找接班人，也是根據這個原則，訂出「三條件」：**一是品德最重要，二是要有責任心，三是要有工作意願（品德、責任**

感、肯做事）。聰明過了頭的人，就只有謝謝、再聯絡！

品格，就是「品德」與「格局」的結合。

舉例來說，傳統社會做人做事的指標，一般都是先講求「情」，再講求「理」和「法」，這是因爲從前淳樸的農業生活，人情力量大，商場上的「人脈」也是這樣而來。

但是，現代人太強調法律的重要性，排序變成了「法、理、情」，法是維繫社會秩序的重要力量。

我有自己的一套看法，做事原則的順序是：先講理，再講情，最後再講法。

在商場上，我都是先「講道理」。「講理」是什麼呢？公司的最高利益就是我的道理。理講不通的時候，再講情；最後不得已，再講法。

人都會犯錯，人生其實就是不斷犯錯的累積。一個人犯錯後的態度，正是檢驗他的品格的時候。

能力對於每個人來說，都很重要，尤其是對於一位主管或領導者；但是內在品格要比能力更加重要。品格絕對是一個人最重要的資產。

有品格而沒有能力，是缺點。有能力而沒有品格，則是危險。

鴻海旗下某位主管，某年與一個交情特別好的兄弟做生意，因為關係不同，所以僅僅只靠通電話的方式，沒有簽約就和對方成交生意，結果，造成八百萬美金的帳沒有辦法收回來。那個交情特別好的兄弟後來跟我說：只要拿出任何一封郵件或一紙合約，絕對二話不說，即刻支付這筆八百萬美金的帳目。結果呢？當然是拿不出來啊！公司只有認賠。

不經一事，不長一智。這位高層來到我的會議室深深地懺悔。我相信他的品格，遂沒有多加追究。

後來他成為集團最負責的主管之一。

INSPIRATIONAL QUOTES

11

一定要運動

流流汗，
精神百倍。

將近五十年的創業生涯，我行遍世界數十個國家，每年幾乎有一半的時間都在世界各地的旅途中。這麼多年的辛勞，有兩件事情是不變的，一件是每天都要開會，一件是每天都要運動。

健康的身體最重要，決定你未來發展的機遇！

我勤於做運動，主要是深刻理解運動之於一個人健康的重要性。我維持爬山的習慣，流流汗，精神百倍。我有很長的一段時間，貫徹每天都要走一萬步，沒有完成，絕不罷休。

我愛游泳，我小孩的游泳技巧都是我親自教的；我愛打籃球，七十歲過後還會去家裡附近的學校找孩子們打全場；我也愛打高爾夫球，每週不打幾桿，就會手癢得渾身難耐。

我更愛拉著同事一起去運動。高階主管常常一整天都關在會議室裡，跟著我一起擬定策略、分配資源。這些人左右了公司的未來，他們的健康自然也是公司的重要財產。

同事們的「運動時間」，我尤其看重。最常召開的集體運動，就是爬山。只要公司附近有適合健行的小山，早上上班前，我喜歡找人一起爬山，有時遇到「雨天登山」，轉念一想，更覺得是訓練的契機。

一般登山客都不愛雨天，因爲天雨路滑，山路難走。我不一樣，爬山的時候遇到下雨天，還會特別覺得有挑戰。爲什麼呢？因爲**晴天如同成功，是一名差勁的導師，給你我的是無知與膽識**；晴天卻不能給我們挑戰下次成功的時候，所需要具備的經驗與智慧。

下雨天登山，剛好讓我們練習在沒有撐傘的情境下，勇敢前行。下雨，就像是工作時的不確定變數，難以預測。

我當然知道有很多人都會說，「工作太忙，我根本找不到時間運動」。這時候你要想想彼得．杜拉克的那句名言。

彼得．杜拉克的名言是這樣說的：「**時間是最珍貴的資源，不**

能管理時間，便什麼也無法管理。」晴空萬里的時候，管理時間不會有太大難度，但是，假如暴風雨突然來襲，或是工作過於忙碌，是讓惡劣環境取消你既定的運動行程？還是想辦法在有限時間裡，一定要運動？

我希望你們可以善用時間，並爲自己的時間加值。難道爬山的時候突然遇到一陣小雨，就要中止健行的運動計畫嗎？同理可證，遇到環境動盪，就束手無策、毫無作爲嗎？

不要再有任何藉口了，爲了身體強健，你們一定要養成運動的習慣！

INSPIRATIONAL QUOTES

12

不投機，不心存僥倖

人生充滿了機會，
但要以投資的眼光
看待人生的機會。

我奉行的做事方法，最忌諱旁門左道；因爲，輕而易舉的成功，是事業的大忌。我只做投資，投機和賭博的事情不做。

人生充滿了機會，但要以投資的眼光看待人生的機會。不要將投機視爲處理人生的態度，更不要用賭博來賭你的人生。

什麼叫賭博？買一元的彩券，中了一百元、一千元或一萬元，這叫做賭博。它是純粹的運氣和機率，沒有理性分析，例如：擲骰子、打牌或下注。

不要用賭博的態度來處理人生。

投機，是拿一元可以賺五元或十元，這叫投機。投機是有人會成功，但大部分的人都會失敗，如：炒房、炒股、虛擬貨幣。

我勸你們不要投機，不要做太多投機的生意。

投資，是拿一塊錢投資，賺二毛錢或三毛錢，賺取百分之十或百分之二十的利潤。因爲投資，是根據研究和分析，長期投入資金以獲取回報，例如：購買股票並長期持有，以獲取股息和資本增值。

投資有時仍有賠錢的風險，在人生各種選擇的過程中，一定要用投資的心理來看，繼續念書就像好好的投資自己，學習更多專業，而不要用投機與賭博的心理面對人生。

一定是投資自己的人，會走得比較長遠，最後比較容易成功。

人生就像龜兔賽跑，是一個長期的投資，我們需要經過一段時間的耕耘和努力，才能在未來獲得回報，就算需要忍受短期的風險和波動，但相信長期來看，我們一定能獲得更好的結果。

我也要提醒，在投資自己的過程裡，**對於習以為常的做事方法，要有改進或優化的建議；對於做不到位的問題，要能發掘問題的根本癥結。**

重點是，不要做投機的行爲，也勿心存僥倖，知道該做的事情就該去做，人生的祕訣就在於行動。

INSPIRATIONAL QUOTES

13

寧可要漁，也不要只拿魚

只有自己長期且持續地投資自己，才可以在全球競爭的自然法則下生存。

賺錢容易，花錢難，把錢花在有意義的事情上更難！

我從不吝嗇於把錢花在投資人才和採購先進設備，因爲投資人才是企業全球化布局成功的關鍵。所以，**與其說花錢是一種享受，還不如說花錢是我的一種追求，這就是我哲學。**

我聽說過美國羅斯福總統的一個傳聞，不確定內容的眞實性，但故事講得很傳神。羅斯福年輕時，和家人玩牌，連續幾次拿的都是壞牌，情緒變得很差，態度也很惡劣。他的母親見狀，說了一段富有哲理的話：「你必須用手中的牌玩下去，這就好比人生，發牌的是上帝，不管是怎樣的牌，都已經是確定的事情，你要做的就是盡全力，得到最好的結果。」

若老是摔牌，已經輸了一半。有時候，人生就是這樣。**一副好牌，不靜下心打，也不一定會贏；一副爛牌，你只要沉著地打，不見得會輸。**所以，不景氣也不要抱怨，更不要浮躁。越是不景氣，我越是充滿鬥志。

鴻海的員工都聽我說過：「真正的英雄，早就死在沙場上，而不是回來拿獎章的人。」這句話聽起來似乎很嚴厲，而我真正的用意是想強調：人生還有更大的戰場，奮鬥還沒有結束。

但是，奮鬥也要有智慧和經驗的資本。

我當時建立自己的專利和智慧財產權，想要以積累技術、經驗及知識，進而形成「智慧資本」（IC，Intellectual Capital）。美國那些對手競爭，他們拚命想打死我，但我活過來了，也培養了自己的研發能力及智慧資本；現在所有中小企業要模仿我，他們也得像我以前一樣，接受這樣的考驗。這就是知識經濟的遊戲規則。

鴻海長期投入相當的人力和金錢，來學習各個跨國公司如何建立自己的智慧財產權，同時也配合公司產品擴充及經營的國際化，建立相當規模的智慧財產權，進而在技術和產品上擁有智慧資本，才能掌握全球的知識經濟遊戲規則。

只有自己長期且持續地投資自己，才可以在全球競爭的自然法則下生存。

我常說，幫助他人的方法有兩種：一種是授之以「魚」，一種是授人以「漁」。授人以「魚」，但吃了早餐，下餐就沒戲；授之以「漁」，那就是無價估算的經驗傳授。後一種方式比前一種更加管用。

年輕朋友們也都該想想，你們要的是魚，還是漁呢？

INSPIRATIONAL QUOTES

14

隨時要學習新知

不學習新知，
就是自私的表現。

我最厭惡大學或研究所畢業後，就停止知識精進的那種人，好似學習是學給學校老師看的。

那些停止學習的人，請捫心自問：你們要成爲社會上保守腐敗的力量，還是要成爲一個時代進步的力量？

做人不要自私。不學習新知，就是自私的表現。

終身學習，絕對是爲了自己，也是爲了社會，更是爲了所處的時代。**在當下這個爆炸進步的時代，只要一年以上不學習新知，就一定會跟不上時代**。

早在好幾年前，我就開始提倡「人工智慧」（AI）的重要性，它是當下世界的產業趨勢。台灣未來五十年要全力發展的未來科技，將是AI人工智慧產業，而且現在就要扎根，現在就要投資，尤其是對AI人員的教育及培訓。

在某一次演講，台下坐著一位保險業務員，他舉手問我：「保險這種爲人服務、有溫度的工作，會被AI取代嗎？」

我反問他：「你現在推銷保單的成功機率有多高？」

這位業務員回答我：「每三個人當中，就會有一位願意向我投保，因爲我服務做得很周到。」

我笑著回答他：「有了AI的幫助，不僅不會被取代，你還能馬上晉升成爲超級業務員，一百個人裡，會有九十九個人向你投保！」

有次從媒體得知大陸上海的高中一年級新生課綱，將人工智慧列爲必授課程，還出版一本給高中生使用的「人工智慧教科書」，當下，我立刻託人買了幾本回來研讀，同時決定在鴻海「富士康工業互聯網學院」開班授課，因爲AI是現今科技發展的必爭之地。

同時，我腦海中迅速閃過一個問題：台灣高中有沒有類似的課程安排呢？經過求證後，答案是沒有。於是我火速決定要趕快把大陸版的人工智慧教科書翻譯成繁體字版本，這麼做，最有效率。

但冷靜下來後，我想：台灣的科技教育水準和人工智慧發展難道會比別人差嗎？我們對於人才的自信又擺在哪裡？

基於這樣的念頭，我號召相關專業人士，著手進行編撰AI教科書。邀請大專院校知名的人工智慧教授和菁英，組成編撰團隊，編成一本因應當下時代潮流的教科書。

《AI世代與我們的未來》這本書的作者，是由美國前國務卿季辛吉和艾力克・施密特（Eric Schmidt）、丹尼爾・哈騰洛赫（Daniel Huttenlocher）合寫。

我閱讀這本書的時候，對於以下文字特別有感：

「這六個世紀以來，人類經歷過許多重大轉折，但人類接下來要經歷的社會轉變，比過去六個世紀的轉變都還要劇烈。

隨著人工智慧崛起，人類的角色、人類的願景、人類的成就等定義，都會改變，這個世代會歌頌哪些人類特質？這個世代的引導方針是什麼？

我們需要有意識的展開對話，集合人類企業中的所有元素，定義人工智慧的角色——這條路需要領袖與哲學家、科學家、人文學家和其他團體有意識地參與。」

季辛吉是我的偶像，他已經一百歲了，還能夠那樣密切地觀察AI世代，甚至提出強而有力的見解與呼籲。

我們豈能不見賢思齊？

INSPIRATIONAL
QUOTES

15

選擇對的，或是把自己所愛變成對的

選擇吸收新知，選擇持續進步，而不是選擇僵化與保守的思想。

剛開始創業的時候，公司就算提供高出業界期待的薪資，人才也不願意來我這裡上班。這就是現實，畢竟小公司前景茫茫，即使薪資給得再高，一流人才仍不爲所動。

等到鴻海成爲億兆企業，某位國立大學教授還半開玩笑地感慨說：「當年郭台銘還邀請我去擔任鴻海總經理呢！」

人生沒有後悔藥，很多時候，你當初的選擇早就已經決定最後的結果。所以說，人各有機遇。

選擇往往比努力還更重要。要有足夠的知識與經驗，才有辦法做出正確的判斷與選擇。舉例來說，當你有一筆想要投資的錢，一定要慎選投資對象，如果選擇失誤，再多努力也不一定會有回報。

人生中的很多選擇也是一樣，選擇正確，方向就對了。這就是我常說的，「年輕人最重要的是『三對』：入對產業、選對公司、跟對主管。」

但當你所熱愛的事物，似乎並不是當下「對的產業」，那該怎麼辦呢？

一定有很多人仍然喜歡畫畫、喜歡教書、喜歡務農、喜歡跳舞、喜歡從事藝術工作……，這些職業，看上去感覺都與時代潮流無關，好似都不是「對的選擇」。

我能給的建議是：**把你們熱愛的事情，變成對的**。

舉例來說，新時代的小農，一定要學習通路行銷，新時代的表演工作者，一定要學習數位藝術，新時代的教師，一定要學習最新的教育新知。

又比方，你們可能覺得貧富差距很嚴重，想要這個世界變得更公平與正義。

那就選擇把事情做對吧。全世界都在關注貧富差距的問題，想要改變貧富差距，我認爲就是學習科技與AI。因爲掌握科技，便可以掌握未來，甚至可以改變世界。

Web3.0的世界已經來臨，針對人類過去壟斷的議題已經有全新的見解與思維，比方「世界幣」的概念，就是一個很好的明證。

也許有些行業類別，你們無法當下立即選擇，但不管是什麼樣的職業，都需要把自己當成一個知識工作者，選擇吸收新知，選擇持續進步，而不是選擇僵化與保守的思想。

選擇對的事情，真的沒有那樣困難。

INSPIRATIONAL QUOTES

16

工夫到厝，欲食就有

擁有一技之長
加上會思考的腦袋，
不管是什麼行業，
都可以走出自己的
一片天。

「工夫到厝，欲食就有」是我很喜歡的台語諺語。它的意思是：只要習有一技之長，就不用擔心生活的溫飽問題。

很多閩南語諺語，往往幾個字就帶出人生智慧，並且可以反映台灣社會早期的某個生活切片，我非常喜歡這些諺語。順道一提，我鼓勵全台灣的年輕人都學習台語，這是很珍貴的語言，是寶貴的文化資產，是台灣的底氣，請務必多開口講台語。

早期台灣社會屬於經濟相對貧乏的年代，底層人家渴望過上安穩的日子，便需要讓自己擁有在社會謀生的技能，比方做黑手的、理髮院的，在那個年代，只要肯做，就可以改善自己的家庭狀況，甚至是促成階級流動，很多「黑手變頭家」的案例，是我們時有所聞的。

我在此並非僅是要講述「人要擁有一技之長」的老調，我更想提出的是，**擁有一技之長的人如何能夠繼續適應未來的時代**？台灣的社會持續轉型，技術與產業不斷變遷，然而技職教育並沒有跟著提昇，社會體制普遍忽視技職教育的重要性，再加上日益艱難的勞工處境，僅有一技之長似乎是不夠的。

對此，我最喜歡引用王永慶賣米的故事：

由於家境貧困，王永慶十六歲的時候，離開老家，去嘉義開米店。當時，嘉義已經有三十多家米店，競爭非常激烈。王永慶只有兩百元的資本，只好在偏僻的小巷開了一家小型的米店，剛開張的時候，生意冷清。

一開始，王永慶只能挨家挨戶推銷大米，累得半死，卻沒有賣出去多少米。怎麼打開銷路？王永慶左思右想，決定在米的品質上做文章。當時，台灣稻米加工技術落後，經常有小石子、秕糠摻雜在米中，太太們做飯需要反覆淘洗很多次，非常不方便。

王永慶從中看到了商機，決定和弟弟動手挑出米中的石子、秕糠，徒手加工後，再將米賣出去。

一段時間之後，鎮上的家庭主婦都說王永慶米店的米很乾淨，不需要淘洗很多遍，省事又省力。就這樣，一傳十，十傳百，他的米店聲名大噪，成爲當地最火紅的米店。

接下來，王永慶還注意到很多家庭只有老人在家，於是推出到府送貨，這個服務大受歡迎。但是，王永慶不只是到府送貨，還會把米倒入米缸，如果客戶家的米缸裡有舊米，還會幫忙把舊米倒出來、將米缸擦拭乾淨，再把新米倒入米缸，最後把舊米鋪在上層。

這樣貼心的服務，顧客大受感動，一下子贏得很多死忠客戶。

王永慶賣米的時候，還會細心記住每一戶米缸的容量，問清楚每家有幾口人、飯量大小，推算下次送米的時間，等到顧客家的米吃得差不多了，就主動上門送米。

王永慶米店的口碑很快傳遍嘉義，只花了一年時間，累積足夠的資本，在最繁華的地點開了一間碾米廠，從此拉開一代企業家的序幕。

擁有一技之長，可以讓人獲得溫飽。而擁有一技之長加上會思考的腦袋，不管是什麼行業，都可以走出自己的一片天。

INSPIRATIONAL QUOTES

17

信任與授權，會讓關係更緊密

充分信任，充分授權，
能把事情轉變成
另一個面貌，
同時也能讓關係
更加緊密與和諧。

兒女還小的時候，常會把玩具丟得滿地都是，甚至家裡很多物品，用過之後也不歸位。幾次嚴厲勸說後，依然無解，孩子們還是忘了收拾物品。

我想了一個法子，先主動把房子都收拾整齊，然後召開家庭會議。我指著乾淨的客廳對孩子們說：「這就是我們共同經營的家，很多的東西都放在屬於它們的位置，若你們覺得有些地方需要調整，你們可以想辦法讓這個環境變得更整齊，現在這個任務，就交託給你們負責了。」

孩子們點頭答應，我們就正式啟用這個彼此都認同的約定。

頭幾天，似乎有點效果，但沒想到數日之後，故態復萌，家裡又越來越亂了。我脾氣不是太好，有好幾度想要展現自己的父親威嚴，要孩子們立刻把客廳整理好，這樣應該是最快的。但我忍住了。我選擇在吃晚餐之前，和孩子說：「按照前幾天的約定，你要不要讓我看看你的工作成果。」

孩子們以爲我在生氣，眼淚像是要掉下來。的確，若按照往常，我早就發脾氣了。

但這次，我忍住脾氣，我明白困難的點在於如何促成孩子的自動自發，於是我趕緊主動說：「要不要我幫助你完成這個約定呢？」

「眞的嗎！爸爸願意幫我嗎？那我們趕快一起來整理客廳！」

「對啊，我願意幫你，你告訴我該做什麼。」

孩子們瞬間破涕爲笑，跑去房間拿了兩個裝玩具用的提籃，然後分給我一個，指著角落的一處積木，說：「請把那些收到這個籃子裡。」

在那之後，我又陸續幫了孩子幾次忙，從此孩子就可以完全靠自己收拾好家裡了，他們會彼此分工合作，用最快的速度收拾完客廳與房間，甚至還會指責我有些東西用了之後忘記歸位。

爲什麼小小的舉動，便可以讓孩子們有巨大的改變？**關鍵在於**

信任。因為你信任對方，相信對方會逐漸完成這項使命，當你用信任感陪伴對方的時候，只要經過一段時間，對方就會被你激發出完成使命的潛能。

除了信任，充分授權也是另一個關鍵因子。**唯有充分授權，才能讓對方感受到被信任，同時也感受到自己擁有絕對的主動權。**當主導權在自己身上的時候，就完全沒有辦法推卸責任，這時候便會督促自己要使命必達。

充分信任，充分授權，能把事情轉變成另一個面貌，同時也能讓關係更加緊密與和諧，何樂而不爲？

INSPIRATIONAL QUOTES

18

將相本無種，人人當自強

先相信自己
可以貢獻價值，
也能創造新的價值，
就有把不可能
變為可能的機會。

如果你們問我：在職場上，工作態度重要？還是有貢獻重要？我會說：有貢獻，就有所得，一分耕耘，一分收穫。

二〇〇七年春天，鴻海尾牙晚會，舞台兩側有一副對聯：「爭權奪利是好漢，開疆闢土眞英雄」。我當時在內部的主管會議裡，特別做了一番說明；我鼓勵那些靠經驗和常識吃飯的主管，勇敢讓出位子、釋放權力給年輕人，去重新提升自己、充實自己，再回過頭來，爭取自己的位子和權力。

因爲對所有企業主來說：人才的選拔和培育，是企業永遠的難題。所以，我說，**企業人生三部曲：人材，人才，人財**。

能力再好、學歷再高的人，在還沒有接受企業文化洗禮之前，都只是「人材」，還不是「人才」。

「人材」要經過「雕刻」，要再經過學習和改造後，才能變成「人才」，才能展現長才，企業才能以此攻占市場。

最後，「人才」將爲企業帶來前景，「人才」就會等於「人財」。

不經一番寒徹骨，是無法成爲人才的。

如果我當初因爲賈伯斯太挑剔、蘋果給的任務太艱難，就知難而退，決定放棄不做蘋果的訂單，很可能白白失去日後參與蘋果創新的大好機會。

你要先相信自己可以貢獻價值，也能創造新的價值，就有把不可能變爲可能的機會。我也是靠著這樣的信念，去爭取美國的客戶，客戶有嚴格的要求，沒關係，正好我可以突破自我的能力，衝過這次考驗，我就會更強大。

前後總共花了兩年時間，包括測試驗證、小量生產、退貨及一直修改，還有買很多的測試儀器，才終於拿下AT&T的訂單，鴻海成爲AT&T第一家美國以外的連接器製造夥伴。

挑戰壓著你喘不過氣來的時候，一定要先相信自己可以，每個人都可以解決挑戰。我一直都是用這樣的態度在工作，才能打造出世界級的企業。

《名賢集》有句話說：「寒門生貴子，白屋出公卿。將相本無種，男兒當自強。」對照現代版本，我將這句話改成「人人當自強」，正所謂「貧地才能出佳釀」，只要相信自己可以有所貢獻，就會豐收果實。

我之所以成為現在的我，都是憑藉我過往的信念所創造出來的。我可以，你們也可以。只要不認輸，永遠都可以大步向前走！

INSPIRATIONAL QUOTES

19

成功者找方法，我這輩子都沒想過困難是什麼

只要在腦海中反覆思辨，就能為自己的人生或事業找出活路。

我喜歡有膽識的人，也就是說，在衆人爭執不休的時候，不要沒有主見。而且，在下正確的判斷前，要「三思」；因爲事非三思，不能成功。

有一次，我帶了一群主管去爬山，途中經過一個湖泊，要繞湖一圈，再到對面的登山口。走到一半的時候，有主管向我反映他在經營企業的時候，遇到了一些難題。我停下腳步，開口對該名主管說：「我們繼續繞湖，你自己想辦法走直線，穿越湖泊吧！」

氣氛瞬間凝結，那名主管超級尷尬。

「董事長……您認眞的嗎？」他沒帶泳褲，湖上也沒有橋可走。

我不是要爲難他，只是想表達：如果按照原本的慣性、線性思維去思考，就只能永遠繞過問題，但是，如果今天失去原本預定要走的這一條道路，該怎麼繼續走下去？

客戶要求你降價，你就照辦？還是你可以另外爲客戶節省成本？或是說服客戶不要降價，自己會堅持品質？

只要在腦海中反覆思辨，就能爲自己的人生或事業找出活路。

這正是我常說的「方法永遠比困難多」，這句話是我實證多年的價值觀。**天底下沒有完美的辦法，但絕對會有更好的方法**。

你們一定要保持樂觀，要想盡各種辦法來解決困難，我自己的許多體悟也是透過克服困難後思索而得。很多時候，新的想法、新的模式，都是因爲要挑戰困難才被激發出來的。

當你們遇見問題，就試著提出問題，把現有的狀況予以客觀的分析，而後致力於解決問題。

想做任何事，有順境，也會有逆境。最好的應對辦法是，練就對抗逆境的體質。遇到困難，就告訴自己趕快找方法，不要被困難所擊倒，新創意也就因此源源不絕了。

我還想補充一點，你們也可以把旁人的批評視爲困難的一部分。若有人願意對你提出審慎且客觀的批評，不管你接受或不接受，那都是珍貴的啟示，至於那些不明就裡的謾罵，則根本就不需要當作一回事。

旁人可以辱罵你，也可以大聲斥責你，但「雖千萬人吾往矣」，這都不影響你們走上自己的路。

INSPIRATIONAL QUOTES

20

做人著磨，做牛著拖

擔心自己做不到是很容易的，鼓勵自己做得到，才是更值得嘗試的方向。

再來一句台語諺語吧。

「做人著磨，做牛著拖」的意思是：若當牛，就要拖犁，若當人，就要承受磨難。這句話是比喻人生註定要歷經許多勞苦與磨難，就像牛註定要辛苦犁田、拖車一樣。

這句諺語和我常講的「**成長，你的名字就叫痛苦**」，不謀而合。說句眞心話，也許外表看不出來，也許我總是表現得威嚴又灑脫，但我其實經歷了一次又一次的痛苦，那些椎心泣血的苦難，總一再的打擊我，逼我面對自己的一無是處，逼我直視社會的現實與殘忍。

但，我知道痛苦並不是我獨有的，就像「做人著磨，做牛著拖」這句諺語，它彰顯了人之所以爲人的普遍性，不管是誰都會遭遇挫折與失敗，不管是誰都會獲得臨危受命的難題與考驗。

我之前有兩個得力助手，姑且稱爲A和B，它們都是我親手栽培扶植的。A永遠有很好的專業知識，B有很好的管理能力。

有一天，我接到一筆生意，是與A專業領域相關的工作，我當然優先把A叫來，請他接下該筆訂單，但A聽我講完之後，認定這筆生意難度太大，需要克服的困難太多，A認爲自己的團隊無法接下來，很是猶豫。

我轉念一想，把B傳喚過來，B認眞考慮了許久，他認爲由於對方是大公司，這個案子說什麼也要接，只要我全力給予公司的資源與協助。

最終，B克服了一切困難，按時並超標交貨，爲公司帶來一個穩定的客戶，同時也獲得我的高度認可。

我當然知道這個案子對B而言，是過於沉重的負擔，宛如一個突如其來的大難題，畢竟他既非該領域的專業人才，對該產業界也不熟悉。說實話，我對於B當初應允接下任務，多少也感到意外。

但B有個人格特質，他遇到問題時，不會感到憤恨與不滿，而是不斷與我討論該怎樣克服公司的既有限制，讓情勢能夠好轉。過程中，這個專案也遇到好幾次內部的失誤，導致生產流程出了問題，B也只是積極採取行動補救失誤，甚至主動選擇朝向增加產量的執行方向。

我藉由這件事情想告訴你們，**每次的痛苦，每次的阻礙，都可以視為了解自己的機會**，擔心自己做不到是很容易的，鼓勵自己做得到，才是更值得嘗試的方向。

若當一個人，註定要承受磨難、承受痛苦，那就讓自己變得更加強大吧。當自己更加強大，那些苦痛就算不上什麼了。

INSPIRATIONAL QUOTES

21

不要只顧整體外觀，要注意內部的結構差異

雖然價格差異大，
但各自有其消費客群。
就像是消費金字塔的
「互補關係」。

我有個墨西哥裔員工，曾和我講述他童年的歲月。他的父母都是底層的勞工，薪資低微。當時，每兩個星期（美國藍領階級，兩週發放一次薪水），他父母會收到「薪水支票」（paycheck），他們沒有銀行帳戶，直接拿著這張支票，帶著六個小孩去「沃爾瑪」（Walmart）。

在北美，幾乎每個城市都有沃爾瑪，它是超市，但販售的東西包羅萬象，裡面有麥當勞及其他速食店。

最大的重點是，沃爾瑪販售的商品，價位非常的親民，簡直是底層勞工的天堂。

後來，我有機會與沃爾瑪的副董事長請益，他告訴我，沃爾瑪是靠美國「庶民經濟」而崛起的大型百貨連鎖商，將美國中低收入戶的消費習慣，設定爲主要客群。

當時，沃爾瑪的客戶近百分之七十沒有信用卡，每兩週拿到薪水支票後，前往沃爾瑪消費，採買未來半個月的生活必需品，然後，才扣除房租及兩週汽油費，剩下現金作爲未來半個月全家的零用錢。

沃爾瑪從消費大數據發現，中低收入的勞工及藍領階層，採買日常所需、觀看球賽時的啤酒、小孩的尿布，再支付房租後，所剩現金不多，經常經過藥品部門詢問「維他命」的價格，但是眞正消費的人卻很少，因爲沒有錢買了。

看著消費者帶著失望的神情離去，讓藥品部門的人員非常不捨，也將事情反映給主管。更深入了解才知道，這些勞工階級消費者希望能幫家人補充營養，但品牌大廠的維他命，每瓶單價都在十美元以上（此爲比喻價格，以下同），超出他們的負荷，只能遺憾地離開。

沃爾瑪深入研究後發現，維他命是營養劑，每瓶維他命成本大約在三美元左右，其他絕大部分都是廣告行銷成本。因此沃爾瑪推出「自有品牌」，以四美元銷售給一般的消費者（比品牌大廠便宜百分之六十），薄利多銷，被稱爲「庶民維他命」，果然引發市場大震撼。

此舉，引發品牌大廠全面抵制、退出沃爾瑪貨架。

然而，半年後，沃爾瑪「庶民維他命」的市占率，躍升至全美的前兩名，成爲最大的品牌之一。

也因此，品牌大廠屈服了，要求重新上架，沃爾瑪也欣然同意。

事後調查顯示，不論是沃爾瑪的「庶民維他命」，或是品牌大廠的「富人維他命」，效果都是一樣的，雖然價格差異大，但各自有其消費客群。

中低收入勞工階級買得起維他命，對庶民及勞工階級的營養補充幫助極大，等到將來他們經濟改善，也會改爲採買品牌大廠「富人維他命」，這是身分地位的象徵。

「庶民維他命」的成功，並沒有影響到「富人維他命」的市場，反而「把餅做大」，讓更多的消費者習慣補充維他命。

這就是「市場區隔」（Market segmentation），「庶民維他命」與「富人維他命」，反而更像是消費金字塔的「互補關係」。

我認爲，沃爾瑪「庶民維他命」的故事，可以帶給我們很多啟示，比方社會住宅。

不知道你們聽到這個故事，是否有什麼嶄新的想法呢？

INSPIRATIONAL QUOTES

22

多培養國際視野

當你們累積越多的國際視野，就越能夠明白自己所在的處境，以及未來應該採取怎樣的行動。

我很想好好鼓勵你們多培養國際視野，但下筆想了很久，似乎都是「讀萬卷書，行萬里路」這類的論調，我自己寫起來也感到沒有新意。

我決定透過另一角度，與你們深聊這件事。話題可能嚴肅些，而我希望你們耐著性子，看完一些數據性的資料。

科技日新月異，人類已經邁向嶄新的AI時代，半導體也因此成爲左右國家安全保障的戰略物資。全球晶片的出貨數量，在一九八〇年約爲三百多億顆，預估到了二〇三〇年，會超過兩兆多顆。

半導體產業簡直成爲全球爭霸的核心。

台灣的台積電，不管是技術實力或是公司規模，都是全世界首屈一指的公司，舉凡美國大廠高通、輝達，幾乎全球的半導體大廠都需要委由台積電製造晶片。台灣也因此成爲半導體爭霸的核心角色。

二〇一八年美中貿易戰開打，至今未見和緩跡象，全球陷入「新冷戰」（New Cold War）戰略格局。以美國與中國大陸爲首的兩大集團，從國防、經濟、金融、貿易、外交，到地緣政治，隨處可見兩大強權政治角力的痕跡。

新加坡前總理李光耀曾說：「兩隻大象打架，它們腳下的小草就會無端遭殃。」因此，在可見的未來，台灣勢必會持續捲進中美貿易戰裡，尤其是半導體產業，會成爲全球的兵家必爭之地。

在這個全球經貿戰略新布局中，全世界的產業供應鏈，會變成以美國爲首的自由體制，可以稱之G1供應鏈，以中國爲首的極權體制供應鏈，包括中東地區，可以稱之G2供應鏈。

原來的WTO世界自由經濟與組織會被分拆成兩塊／兩條供應鏈，而台灣就處在G1與G2的共同交集點。台灣將要成爲全球G1與G2都通暢的「全球經貿的新樞紐」。

就我的觀察與預測，台灣的科技、製造、零組件、工具機、模具及中小企業，包括服務業、文旅產業，必須走出台灣，走向國際舞台。美國是必須且列爲首選之地，除了美國是全世界最大市場以外，美國還是全世界的創新研發中心。

美國執世界科技的牛耳地位，世界最創新的科技大部分出於美國三大灣區的科技走廊帶，我們統稱爲「三灣科技走廊帶」，再加上最新興起的新製造基地（近端製造供應鏈）美墨邊境的墨西哥灣區，與台灣的科技產業鏈的新連結，最後加上日本產業鏈的「東京灣科技走廊帶」——這將是全球最重要的G1創新科技完整體系的產業供應鏈。

我撰文的當下是二〇二三年，這是此刻正在眼前上演的國際情勢。如此洶湧的時代巨浪正打在台灣身上。

在美國有全世界一流的大學、頂尖的研究機構、最大的創新市場，再加上有為數衆多的台灣留學生，以及過去五十年遍布美國各產業、研究領域的老、中壯及新生代的新台僑，理工及經濟各領域的領袖菁英。

如果你們有更遠大的志願，到美國留學、遊學，甚至打工或去美國開創各行各業的製造工廠，從新產品打樣做起，到產品印證、到小量製造測試市場，如果成功了，再搬回台灣開發生產，掌握市場後，將可以就近發包到墨西哥邊境的地區做大量生產。

如此一來，台灣的產業產品能在第一時間走到最前端，發展至最有利潤空間的新領域，利潤及附加價值可以帶來更豐盛的報酬，台灣的企業利潤自然就可以增加，可以分享給員工、付更多利潤給員工。

台灣的機會來臨了，我們一起把握住機會。台灣經濟變革的命運掌握在我們自己的手上，年輕人將不會只有低薪。

你們這群年輕人，正是即將因應這股國際浪潮的關鍵角色。

當你們累積越多的國際視野，就越能夠明白自己所在的處境，以及未來應該採取怎樣的行動。

世界之大，等著你們去闖。我在此深深地祝福你們。

INSPIRATIONAL QUOTES

23

胸懷千萬里，心思細如絲

不管看待任何問題，都要觀察細微，洞悉未來。

不管做什麼事情，我建議你們可以用「三種鏡」的層次予以思考：

第一個層次，望遠鏡。了解該件事物的來龍去脈，種種過去累積與成因，以及任何可能的未來前瞻。

第二個層次：放大鏡。聚焦在該件事情的整體，觀察它的個體性與完整性，隨後思考該做出什麼的行動。

第三個層次：顯微鏡。在執行的過程裡，精微地注重各種細節，有時候一個小偏差，就會導致全盤失敗。

「望遠鏡、放大鏡、顯微鏡」的口訣，看似有先後順序，但我更希望你們並進這三個角度，在腦中快速地組織這三個層次，讓它們彼此對照，相互連結。

不管看待任何問題，都要觀察細微，洞悉未來，如果觀察不夠細微，你將看不到未來的趨勢。這種精密的訓練，是需要時間的，也許達成百分之九十的效果，需要耗費三年的時間；達成百分之九十九，則需要十年的時間。我會鼓勵你們做任何事要有十年磨一劍的心態。

至於百分之九十九點九九的境界，可能一輩子都達不到，那是屬於藝術家的極致，那是賈伯斯的境界，不須強求，不一定每個人都得要求自己達到這般境界。

INSPIRATIONAL QUOTES

24

看懂問題深層內涵

知識只能學會別人的思考，經驗才能得出自己的判斷。

努力工作才能變得俐落與熟練，而俐落與熟練的關鍵，在於「累積經驗」。

經驗是用來累積的，只要投入時間和金錢，就可以獲得經驗。但善用經驗的前提是，**需要翻轉思考，不能陷入經驗法則的死胡同裡**。

有一次，我看見工人在挖馬路，一進到辦公室，立刻點名、召集幾位主管開會。我問他們：「你們知道外面在挖馬路嗎？」

「嗯，知道啊！」主管們點頭。

「那你們知道，我爲什麼找你們來嗎？」全部人搖搖頭。

有一位主管自告奮勇，回答：「當地政府單位正在進行馬路美化工程，挖完之後，會建設得更美麗。」

沒得到標準答案，我不死心，繼續追問：「換個方式問好了，公司今年要大力發展什麼？」

這些主管們異口同聲說：「工業互聯網！」

我立刻罵他們：「對！那爲什麼你們沒有想到，挖馬路的同時，可以順便埋光纖，讓我們廠區的網路升級？」

這些主管們才恍然大悟，原來，挖馬路和他們的工作有這麼大的關係。

如果換水管、埋光纖、刨柏油等都會需要挖馬路，更別說，還有路權申請問題，一次到位不是更好？

我常常講一個小故事。我的皮夾裡放了一張照片，上面有我太太曾馨瑩、兒子郭守善和女兒郭曉如。有一次，小女兒郭曉嫚看著這張照片，問我照片上怎麼沒有她？

我說：「妳還沒出生啊！」在此同時，只有三歲大的女兒曉嫚把照片翻到背面檢查，照片背面當然是空白一片，同樣沒有她。

但事情不能只是看表面，就連小朋友都知道翻到照片背後，看看有沒有她自己——既然正面沒有她，背面可能會有她的照片吧！

所以，凡事只看一面，當然不夠。多思多想，知識只能學會別人的思考，經驗才能得出自己的判斷。

在創業過程中，沒有失敗，就永遠不會成功，因爲失敗是必經之路，失敗是成功的媽媽，如果沒有媽媽，怎麼會有成功呢？

資質過人，沒有經驗，也是枉然。**多累積你的經驗，到最後這都是成敗的關鍵**。

INSPIRATIONAL QUOTES

25

培養數字觀念，多學統計學

我的這一輩子，
是在實務中學習，
並從錯誤經驗中
得到知識及經驗。

一九七四年成立鴻海之後，儘管工作繁忙，但我一直感到自己所知有限，尤其是公司的經營管理層面，我更是沒有太多的知識能提供我實務上的奧援，因此屢屢有進修的想法。

我並不迷信學位，好的學歷和外在條件，不一定能造就真正應付現實競爭的實力，反而是最難困的環境下，才能鍛鍊出膽識。但這不意味我否定知識的重要性，相反地，**我認為知識是非常非常重要的**。

一九七九年，時任台大商學所所長的陳定國教授，在台大開了「企業經理進修計畫」，廣邀工商界名流、學界教授及政府高層官員主講，我聽到消息之後，立即報名了第一屆，利用夜間及週末上課。

我整整上了兩百多小時的課，幾乎沒有缺席。上這門課，讓我認識了萬瑞霞老師，她教授我的會計學及成本會計學，我儘管吸收能力沒那麼快，但在台下聽得津津有味，思索再三。每每下課之後，我都會藉故順路要載萬老師回家，實則是要一面開車，一面多向她請益關於會計學與統計學的種種。

萬老師是台大基礎會計的教授，雖然已經是晚上十點了，但是我故意把車開得很慢，可以爭取時間向她多學一點。我與她及她的先生，後來都變成了很好的朋友。

日後回想，這門課也促成我在國外爭取許多訂單，因爲每張訂單都必須掌握產品的生產成本，才能在激烈的國際競爭中，穩操勝算。有很長一段時間，我也常邀請萬老師到公司，與我們的主管們討論產品成本的計算及會計問題。

我求知若渴，很長一段時間想再進修。台大EMBA第一屆招生，我曾去參加考試，但因爲我工作繁忙，沒有完全準備好，而且以爲筆試占比不高，認爲工作經驗面試爲主的口試報告占比較高，或許有希望錄取，直到後來才知道筆試未過，就不能參加口試，於是失去了進修的機會。

第二年雖說也想著要第二次報考，但當時難以擠出時間來複習功課，只能放棄回到校園求知的這條路。因此我的這一輩子，是在實務中學習，並從錯誤經驗中得到知識及經驗。

我自認會計與統計學還算不錯，這門學問提供我的財務思維，幫助我在工作中，用數字管理來經營公司。任何報告都要有數字分析，我才會批示。

無論你們從事怎麼樣的工作，都一定要多累積自己的數字觀念，這是基本功夫。請務必花點時間，多念點統計學以及財務相關的書籍。

INSPIRATIONAL QUOTES

26

接受訓練，追求磨練

人沒有天生的窮命和賤命，
只有你以什麼樣的
心態來磨練自己。

曾經有記者問我，第一次拎著包包、踏上美國做生意時，不會覺得恐懼嗎？

我回答他：說不怕是騙人的。**但當你要去做一件事情的時候，你的執著和冒險犯難的精神，很重要。**

這是我記憶很深的故事：我到美國去的時候，當時朗訊還是ＡＴ＆Ｔ的一部分。我去朗訊總部，當然坐的是經濟艙，是最便宜、半夜飛的「紅眼機票」，時間都是定死的；住最便宜的旅館，而且，我還不會開車。

抵達紐澤西，剛好是禮拜五早上。下午，代理商帶我們去拜訪ＡＴ＆Ｔ的交換機部門，誰知道，國外大公司星期五下午通常都不太工作的。對方的採購說，我今天雖然見你，但是我家裡還有事，你要做我的生意，最好星期一再來。於是，我的代理商就把我送回旅館。

沒有車，也沒人理，我就被困在旅館。我這個人習慣工作，結果突然多出快三天的空檔，又不敢打電話回台灣工廠交代事情，因爲電話費很貴啊！爲了應付多出三天的出差費用，帶的旅行支票不夠，所以我一天只能吃一餐，到了晚上肚子餓，我發現旅客的接待室內，竟在每天的晚餐之前，會提供一些免費的巧達湯（Clam chowder）及小餅乾球，這成爲我最好的晚餐。

餓的人頭腦比較清楚。我當時就在那裡，把我們美國拓展的計畫在三天之內完成了。星期一的時候，我去見採購，他們又說慣例上星期一是不見廠商的。直到星期二，採購才給了我兩張藍圖，要我回去估價。我花了這麼久的時間，最後只拿到兩張藍圖，這說明了要做美國大廠的生意有多不容易！

後來我決定，在美國跑生意不找代理商，而是僱了個外國員工跟著我一起跑。我曾走遍美國三十二個州，到處去跑訂單。

每次我跑完訂單後回到台灣，我聘請的外國員工都要請一個星期的長假。我有一次忍不住問他：「你爲什麼要請一個星期的假呢？」他回答：「跟你出差太累了，我要在家裡休息一個禮拜才能恢復體力，如果不這樣做，我一定會昏倒在辦公室。」

這個外國員工跟著我跑，除了負責開車，我也可以順便和他練習英文。我們常常是下午六點之後出發，開數小時的車到另一個城市，準備第二天拜訪客戶。所以我對美國高速公路旁的連鎖餐廳Danny's非常熟悉，連菜單我都會背。住在一晚十六塊美金的汽車旅館，都是晚上十一點後check-in，開銷非常省。

我一回台，外國員工要請一個星期的假，但是，我一飛回來就立刻上班了，這都是練出來的。

人沒有天生的窮命和賤命，只有你以什麼樣的心態來磨練自己。

INSPIRATIONAL QUOTES

27

合作無間，才能創造群體的最大價值

就算團隊成員都是四流人才，也能夠因為團隊合作，爭取到一流客戶。

企業界常用的「木桶理論」（Buckets effect），這個理論的概念是說，水桶是由很多塊木板組合而成，使用價值表現在這個水桶可盛滿多少水量，而決定木桶盛水量多寡的關鍵因素，不是比較長的長木板，而是最短的短木板。

這是任何組織都會遇到的問題，也就是工作團隊的成員良莠不齊時，能力差的會決定整個團隊的績效。

木桶理論衍生出很多推論，應用於職場上的管理。我喜歡稱之爲「桶幫理論」，因爲古代水桶上的每一塊木片，有一個名稱叫做「桶幫」。

我看到的重點是，木桶的每一塊木片為什麼能夠發揮力量呢？主要就是因爲每一塊木片都捆綁在一起。應用在職場上的團隊，每一塊木片可以比喻爲團隊中的每一個成員，就算其中一塊木片再怎麼長，單獨一塊木片也無法用來裝水，所以，由此推論下去，不是木片越長，就能裝下越多的水量。相反地，就算是一塊短木片，如果可以和其他「桶幫」綁在一起，即可發揮力量。

我以前常說鴻海的人才是「四流人才」，很多人都覺得很錯愕。其實，我想要強調的是人才應該要具備的一個重要特質：能夠團隊合作。

舉公雞晨啼的故事來比喻，全世界的公雞每天早上都會起床啼叫，可是，每隻公雞都以爲太陽是被自己叫起床的，覺得除了自己之外，其他公雞都沒有功勞；可是事實上，就算沒有公雞啼叫，太陽還是一樣會每天升起。

公雞晨啼故事的寓意，說明**企業會成長不是一個人的功勞，而是團隊工作的成果**。

人才要團結才能發揮更大力量，同樣的，機器是由人在操作，管理是人在執行，只要人能夠貫徹團隊合作，就算團隊成員都是四流人才，只要團結起來，目標一致，人人都可以變成一流人才。也能夠因爲團隊合作，爭取到一流客戶。

換個角度來看，重視團隊工作的原因，在於避免團隊裡的明星做出錯誤決策，或是任何一個成員不懂得團隊合作，拖垮整個團隊的績效。

切勿因為自己的孤芳自賞，或是過度的個人主義，影響到團隊的成敗。這點不管是家庭、學校、社群、團體，我認爲都是適用的。

INSPIRATIONAL QUOTES

28

盡孝道，是基本要求，也是最高標準。

生而為人，盡孝道是一個人對自己的基本要求。

我父親郭齡瑞，祖籍山西，是關公誕生之地，他的職業是警察，也與拜關公相關。惟憑立國安邦手，先試青龍偃月刀。關公是父親的信仰，我們從小耳濡目染關公的精神，舉凡做人要端正，要以正氣行走於人間。

父親於二〇〇二年過世，我提筆寫了一副輓聯，藉此悼念他的生平。上聯是「生於憂患，長於戰亂，砥礪忠黨愛國廉潔奉公之情操，心繫台灣富強成定當世」，下聯是「老時快樂，別時安詳，囑守厚人薄己孝悌持家之美德，魂願中華和平銘鐫汗青」，藉此表達對於父親的追思。

我母親初永眞是山東人，自小下廚，廚藝滿身。母親的拿手菜很多，包水餃與蔥油餅尤其厲害，同學們都很喜歡來我們家吃飯。那個年代台灣經濟還沒有那麼好，更沒有健保，一般人如果孩子生太多，連看醫生都得去借錢，生到兩個以上的時候，可能還要去借錢買奶粉。所以我媽媽身爲一個警察的妻子，要顧這麼多的孩子，在那時候很不容易。

母親是我的心靈支柱，曾經有兩年多的時間，由於子女都在美國，家裡只有我和媽媽二人，我們無話不談，彼此傾吐。就算我天天在外拚事業，但只要一有空，就會用手機與媽媽視訊。只要一回台灣，我也一定每天陪她散步、散心，每天抱抱她、親親她，告訴她我有多愛她。

媽媽從小最常跟我說的話是，**做人要和她的名字一樣，「永遠真誠」**，她的教誨，我一輩子謹記在心。

養育之恩，我無以回報，終生感念。

我不敢說自己是孝順的典範人物，僅能傾全力盡孝，盡可能滿足長輩物質與心靈的需求。

每個人的父母，一路看著兒女的喧鬧、稚拙，並任憑子女的予取予求，沒有私心，只求付出。

孝道是人間萬物之所以繁衍與延續的根本核心。

生而爲人，盡孝道是一個人對自己的基本要求，同時也是需要努力追求的最高標準。

INSPIRATIONAL QUOTES

29

關懷社會，
多做義工，多行善事

唯有促成善的循環，
社會才會持續點燃
希望之火，
人與人之間的愛
也將更加緊密。

約翰．洛克菲勒（John Rockefeller）是我的偶像，他是著名的美國實業家，用睿智的頭腦革新了石油工業。他更是一位慈善家，把慈善事業視為企業般打造。他一生共捐款超過五億五千萬美元。

從十六歲領到第一份薪水開始，洛克菲勒就遵守「十一奉獻」，把錢捐給教會。他在世的期間，以家族基金會的方式，持續進行慈善事業，開創了美國慈善管理的模式。

「我們已經來到可以要求國內最具能力的人士，為大眾福祉奉獻出更多時間、想法和金錢的年代。我不敢貿然去精準定義這些慈善工作應該涵蓋哪些事務。每個人都是為自己行善，所以自己選擇想要做什麼善事……所有最優秀的人才當中，總會有人無私奉獻，願意支持每一項大型慈善事業。其中最令人滿意和感動的一點是，許多忙碌人士願意從繁忙的工作中抽身出來，為推動人類進步發展提供想法和精力，而且不求回報。」洛克菲勒如是說。

每次讀洛克菲勒寫的這段話，我都十分動容。我萬分激賞洛克菲勒的典範身影。

在我完成事業上的目標後，退居幕後的我發現，自己的興趣是做慈善。我不只一次在集團相關演講或公開活動上說過，我的錢都會用在投資科技，以及資助公益事業上，身後也將把九成的財產全部捐出去。

錢，生不帶來，死不帶去，我真的沒有那麼在意錢財。

做慈善基金會已經二十幾年了，我發現這個社會有太多的苦、太多的難，太多的人需要幫助。我深知慈善公益也要像企業一樣，設定組織架構、訂策略、建人力與架設系統，唯有一個永續的組織架構，方能讓美好的善意能夠永續循環。

行公益，做善事，光靠社會少數幾個人，是不成氣候的。幫助別人最大的意義，是促成社會成爲一個多重連結的互動網絡，彼此關心，相互扶持，進而讓受助者變成自助者，甚至在未來能夠成爲幫助別人的人。

我鼓勵你們多做義工，多做善事，那可以讓你們知道世界上有許多角落，充斥著你們原先所不知道的人、事、物。你們會因此更加謙卑，更理解自己的渺小與不足。

切記，**做志工沒有所謂的「你尊我卑」，幫助者與被幫助者之間彼此是互相給予，也互相接收**。唯有促成善的循環，社會才會持續點燃希望之火，人與人之間的愛也將更加緊密。

INSPIRATIONAL QUOTES

30

不要炒房

行所當行，為所當為，
共同致力於一個
更公正更良善的
美好社會。

我想再與各位說一則我自己的故事。

一九七四年，二十四歲的我正式創業，頭幾年，公司一直在生存線上掙扎，經歷一路上的跌跌撞撞，直到一九八一年，我們成功開發出連接器產品。一九八二年，公司正式更名爲「鴻海精密工業」。

八〇年代初的台灣，房地產還不算是一個熱門的投資標的，政府打房甚至使預售屋成交量不足三成。直到一九八五年的十信事件與國信事件，造成民間游資轉入房地產，加上暫緩課徵空地稅、股市反彈等等的因素，當時很多台灣熱錢都集中在房地產。

我認識很多開工廠的老闆，都把錢拿去買地，翻好幾倍，大概是嘗到了甜頭，很多人紛紛改做房地產。也有房地仲介找上我，想賣地給我，那時我雖賺了一點錢，但若買了地，就無法買工廠的機器與設備。

我最終選擇按計畫向日本買了機器設備，而不是投資房地產。儘管多少有點懷疑自己，畢竟我買了設備，但做了很長的時間，仍比不上別人的代工品質。

不過我從來沒有後悔。因爲有了自己的模具工廠，我們團隊逐漸擁有研發能力，並在一九八五年後，因爲專注於個人電腦的連接器，陸續擁有世界級電腦客戶的大訂單，也才有後來的鴻海帝國。

我二十四歲創業，到三十八歲才買房子，中間都是租屋。直到小孩上小學的時候，我才用銀行貸款的錢，買了第一間房子。

不管是在台灣，還是在世界各地，我也不靠投資房地產賺錢，旗下集團也沒有進軍房地產領域，而是持續把資金投入在尖端的技術、研發創新的科技與策略，並大量地培養產業人才。

我從來就對炒地皮沒有任何的興趣，我認爲在地球的每一個人都有住的權益，居住的權利不應該因爲貧富差距而有所區別，房屋的價格更不應該被漫天哄抬。

看著台灣絕大多數的年輕人都買不起房子，我是憂心忡忡的。

我將這個故事放在這本小書的最後一則，主要是這則備忘錄帶有我的執念。

賺錢的方式有很多種。我期許你們在賺錢之餘，都能夠肩負起每一位公民該有的社會責任。

我邀請你們與我一同攜手合作，行所當行，爲所當爲，共同致力於一個更公正更良善的美好社會。

與你們握手！

人生顧問 495

郭爸爸寫給年輕人的30則備忘錄

作　者—郭台銘
封面繪圖—江正一
主　編—謝翠鈺
責任編輯—廖宜家
行銷企劃—陳玟利
封面設計—陳文德
美術編輯—李宜芝

董 事 長—趙政岷
出 版 者—時報文化出版企業股份有限公司
108019 台北市和平西路三段 240 號 7 樓
發行專線—(02)23066842
讀者服務專線—0800231705
(02)23047103
讀者服務傳真—(02)23046858
郵撥—19344724 時報文化出版公司
信箱—10899 台北華江橋郵局第 99 信箱
時報悅讀網—http://www.readingtimes.com.tw
法律顧問—理律法律事務所　陳長文律師、李念祖律師
印刷—勁達印刷有限公司
初版一刷—二〇二三年八月四日
定價—新台幣三八〇元
（缺頁或破損的書，請寄回更換）

時報文化出版公司成立於一九七五年，
並於一九九九年股票上櫃公開發行，於二〇〇八年脫離中時集團非屬旺中，
以「尊重智慧與創意的文化事業」為信念。

郭爸爸寫給年輕人的 30 則備忘錄 / 郭台銘著 . -- 初版 . -- 臺北市 : 時報文化出版企業股份有限公司, 2023.08
面； 公分 . -- (人生顧問 ; 495)
ISBN 978-626-374-141-6(精裝)

1.CST: 人生哲學 2.CST: 自我實現

191.9　　112011646

ISBN 978-626-374-141-6
Printed in Taiwan